DES DÉCHÉANCES

EN MATIÈRE DE

CONCESSIONS MINIÈRES

PAR

M. Ch. MERLIN

AVOCAT

PARIS

IMPRIMERIE VICTOR GOUPY

71, RUE DE RENNES, 71

1893

DES DÉCHÉANCES

EN MATIÈRE DE

CONCESSIONS MINIÈRES

PAR

M. Ch. MERLIN

AVOCAT

PARIS

IMPRIMERIE VICTOR GOUPY

71, RUE DE RENNES, 71

—

1893

DES DÉCHÉANCES

EN MATIÈRE DE

CONCESSIONS MINIÈRES

Le 6 mars 1884, à l'occasion de la grève qui s'était déclarée parmi les ouvriers de la Compagnie d'Anzin, M. Giard, alors député, interpella le Gouvernement et proposa un ordre du jour ainsi conçu : « Considérant « qu'une prolongation de la grève des mineurs « d'Anzin compromettrait la sûreté publique et les « intérêts des consommateurs, — Invite le Gouverne- « ment à appliquer l'art. 49 de la loi du 21 avril 1810, « et l'art. 10 de la loi du 27 avril 1838. »

Le 18 novembre 1892, à l'occasion de la grève de Carmaux, M. Millerand, député, interpella le Gouvernement et proposa un ordre du jour invitant également le Gouvernement à appliquer à la Compagnie de Carmaux les lois de 1810 et de 1838, en prononçant sa déchéance, et en prenant immédiatement les mesures provisoires nécessaires pour amener, avec la reprise du travail, la sécurité publique compromise par le fait de la Compagnie.

L'une et l'autre de ces deux interpellations reposaient sur cette prétention que les lois de 1810 et de

1838 autorisent le Gouvernement à poursuivre le retrait de la concession d'une mine lorsque, par suite d'une grève, l'exploitation est restreinte ou suspendue de manière à inquiéter la sécurité publique ou les besoins des consommateurs.

C'est cette prétention que l'on paraît disposé à reproduire à l'occasion de la grève actuelle des mineurs du Pas-de-Calais et du Nord.

Il nous a paru utile de rechercher ce qu'elle peut avoir de fondé; il importe, en effet, dans une matière comme celle de la propriété des mines, qui touche par tant de côtés à l'intérêt public et à l'intérêt privé, de rappeler avec soin les principes, de ne pas laisser s'accréditer des idées fausses, de dissiper les illusions que l'esprit de parti peut essayer d'entretenir, de réduire à leur véritable valeur des espérances irréalisables, et de rassurer, si c'est nécessaire, des intérêts respectables que peuvent alarmer d'audacieuses doctrines.

Nous nous proposons donc d'examiner les principes qui régissent la propriété des mines, tant sous l'empire de la loi du 21 avril 1810, que sous l'empire de la législation postérieure. Nous nous demanderons ensuite dans quels cas et dans quelles conditions l'État peut intervenir vis-à-vis les concessionnaires.

I

De la propriété des mines d'après la loi du 21 avril 1810.

La loi du 27 juillet 1791, sur les mines, reposait sur ce principe que les mines sont des *propriétés publiques*; elle en autorisait la concession aux particuliers, mais à titre temporaire seulement, pour des périodes qui ne pouvaient pas dépasser cinquante années. Sous cette législation la déchéance des concessions était encourue s'il y avait eu cessation des travaux pendant un an.

On ne tarda pas à s'apercevoir que ce système des concessions temporaires était loin de favoriser le développement des exploitations minières ; la perspective d'une dépossession au bout de cinquante années n'était guère propre, en effet, à déterminer les concessionnaires à faire les dépenses considérables qu'exigent ces sortes d'entreprises, et, dès 1806, le Conseil d'État fut saisi d'un projet de loi dont l'étude se continua pendant plus de quatre ans, et qui aboutit à la loi du 20 avril 1810 ; c'est encore cette loi qui régit la matière.

Au système des concessions temporaires, elle substitua le régime de la propriété privée, perpétuelle et transmissible ; le texte en est formel. Après avoir, en effet, dans l'art. 5, établi que les mines ne peuvent être exploitées qu'en vertu d'un acte de concession délibéré en Conseil d'État, et, dans l'art. 6, édicté que cet acte règle les droits des propriétaires de la surface sur le produit des mines concédées, le législateur s'exprime ainsi dans l'art. 7 :

« Il (l'acte de concession) donne la propriété per-
« pétuelle de la mine, laquelle est, dès lors, disponible
« et transmissible comme les autres biens, et dont on
« ne peut être exproprié que dans les cas et selon les
« formes prescrits pour les autres propriétés, confor-
« mément au Code Napoléon et au Code de procédure
« civile. »

Il ajoute (art. 8) : « Les mines sont immeubles… »
Et (art. 19) : « Du moment où une mine sera concé-
« dée, même au propriétaire de la surface, cette pro-
« priété sera distinguée de celle de la surface, et
« désormais considérée comme propriété nouvelle,
« sur laquelle de nouvelles hypothèques pourront
« être assises, sans préjudice de celles qui auraient été
« ou seraient prises sur la surface et la redevance,
« comme il est dit à l'article précédent. » Enfin,
l'article 20 dispose que : « une mine concédée pourra
« être affectée par privilège en faveur de ceux qui,
« par acte public et sans fraude, justifieraient avoir
« fourni des fonds pour les recherches de la mine,
« ainsi que…, etc. »

La mine concédée est donc une véritable propriété ;
en vain, pour prétendre que l'État peut retirer ce
qu'il a concédé, argumenterait-on des termes *concession*, *concédé* ; il a été bien entendu, lors des travaux préparatoires de la loi, « *qu'on ne peut jamais*
« *considérer le mineur comme un simple conces-*
« *sionnaire, qu'un seul décret dépouille*, bien au
« contraire comme un particulier qui ne perd sa pro-
« priété que comme le propriétaire d'un champ, d'une

« maison, perd la sienne. » (Paroles de Napoléon Ier.
Locré, t. IX, p. 387.)

Il est intéressant de rapprocher de ces textes le
commentaire anticipé qui en a été donné au cours de
la discussion devant le Conseil d'État. Le 22 mars 1806,
Napoléon disait : « Les mines sont, comme les autres
« biens, susceptibles de tous les droits que donne la
« propriété... Ces sortes de propriétés doivent être
« régies par des lois particulières, et ceux-là seuls
« peuvent s'en prétendre propriétaires, à qui la loi
« confère cette qualité. Mais, au delà, la propriété des
« mines doit rentrer entièrement dans le droit com-
« mun ; il faut qu'on puisse les vendre, les donner,
« les hypothéquer, d'après les mêmes règles qu'on
« aliène ou qu'on engage une ferme, une maison,
« en un mot, un immeuble quelconque. » (Locré,
t. IX.)

Le 18 novembre 1809, il ajoutait : « Il y a un très
« grand intérêt à imprimer aux mines le cachet de la
« propriété. Si l'on n'en jouissait que par concession,
« en donnant à ce mot son acception ordinaire, il ne
« faudrait que rapporter le décret qui concède, pour
« dépouiller les exploitants ; au lieu que si ce sont des
« propriétés, elles deviennent inviolables. Napoléon
« lui-même, avec les nombreuses armées qui sont à
« sa disposition, ne pourrait néanmoins s'emparer
« d'un champ ; car violer le droit de propriété dans
« un seul, c'est le violer dans tous. Le secret est
« donc de faire des mines de véritables propriétés, et
« de les rendre par là sacrées, dans le droit et dans
« le fait. » (Locré, t. IX, p. 236.)

Le texte des premiers articles de la loi ne fait donc

que formuler les idées que Napoléon avait fait prévaloir au cours de la discussion (1).

Mais une fois admis le principe de la propriété, il fallait en tirer les conséquences ; c'est encore ce que fit Napoléon dans une circonstance mémorable, sur laquelle il faut nous arrêter quelques instants.

Le projet de loi contenait, dans une section 3, intitulée : *De la vacance par la cessation de l'exploitation de la mine*, une série de dispositions qui avaient pour effet de supprimer le droit du concessionnaire en cas d'abandon de l'exploitation. Napoléon, au nom du droit de propriété reconnu, par les dispositions précédentes, en faveur du concessionnaire, s'éleva vivement contre cette partie du projet.

M. le comte Regnault de Saint-Jean d'Angély fit remarquer qu'il fallait bien qu'il y ait des règlements généraux sur l'exploitation des mines, afin que les mines ne dépérissent pas.

Napoléon répondit qu'il n'en fallait point : « Sur « l'exploitation des mines, dit-il, on doit s'en rapporter « à l'intérêt personnel comme on le fait pour l'exploi- « tation d'un champ... Les légers inconvénients que « la section prévoit, doivent céder à ce grand principe « constitutif de la propriété, que le propriétaire a le « droit d'user et d'abuser de sa chose... Si l'exploita- « tion des mines est libre en Angleterre, pourquoi « ne le serait-elle pas en France ? Il vaut mieux laisser

---

(1) Les mêmes principes ont été posés dans deux arrêts successifs de la Cour de Cassation (motifs), l'un du 18 juillet 1837, l'autre du 3 mars 1841 (Dalloz. Répert. V° Mines, sous le n° 64). Ces deux arrêts ont consacré ce principe fondamental de la loi du 21 avril 1810.

« agir l'intérêt personnel que d'établir la surveillance
« des ingénieurs. C'est un grand défaut dans un
« Gouvernement que de vouloir être trop père. A force
« de sollicitude, il ruine et la liberté et la propriété...
« Il en doit être d'une mine abandonnée comme d'un
« moulin qui est tombé en ruine, et que le propriétaire
« ne rebâtit point... L'esprit de propriété remédie à
« tout. La liberté laissée au propriétaire n'entraînera
« pas ici plus d'abus que dans l'exploitation des bois...
« On n'oblige pas un propriétaire à abandonner sa
« ferme lorsqu'il cesse de l'exploiter. Pourquoi en
« serait-il autrement des mines?... Le principe de
« l'abandon ne peut être admis dans un pays où la
« propriété est libre; et, puisque les mines sont de
« véritables propriétés, il est impossible de faire,
« à leur égard, des exceptions au droit commun. Le
« concessionnaire ne doit être dépouillé de sa pro-
« priété que lorsque lui-même consent à la céder. Il
« n'y a pas de différence à faire, sous ce rapport, entre
« une mine et une ferme. Sans doute, on peut as-
« sujettir le concessionnaire à des conditions ; mais le
« non accomplissement de ces conditions ne doit pas
« entraîner la déchéance; l'autorité des Tribunaux
« condamnera les concessionnaires comme cela se
« pratique à l'égard de tous les contrats. » (Locré,
ibid., p. 299 et 300.)

Quoique l'on puisse penser, en droit, de ces obser-
vations, il est certain qu'elles témoignent de l'énergie
avec laquelle le principal inspirateur de la loi de 1810
défendait le principe de la propriété des mines au profit du concessionnaire ; il est non moins certain qu'elles
entraînèrent le rejet de la section 3, et que le principe

de la déchéance, pour quelque cause que ce soit, fut repoussé. M. l'Archichancelier demanda, en effet, si on perd la propriété d'une mine par la déchéance et par la suspension des travaux. M. le comte Regnault de Saint-Jean d'Angély répondit que : « d'après les « vues manifestées par le chef du Gouvernement, on « a assimilé la propriété des mines à celle de toute « autre nature ; qu'on ne peut en être dépouillé que « par les jugements des Tribunaux, rendus sur la « poursuite des créanciers. » (Locré, *ibid.*)

C'est à la suite de ces décisions que vint en délibération le Titre 5 intitulé : *De l'exercice de la surveillance sur les mines par l'administration*, comprenant les art. 47, 48, 49 et 50. Le caractère et la portée de ces dispositions sont nettement définis dans l'Exposé des motifs du projet de loi sur les mines fait au Corps législatif par M. le comte Regnault de Saint-Jean d'Angély, à la date du 13 avril 1810. « L'action « de l'administration sur les mines, dit-il, est réduite « aux plus simples termes ; elle est renfermée dans le « strict besoin de la société. Le corps des ingénieurs « des mines, dont l'organisation définitive suivra né- « cessairement de près la publication de cette loi, « portera partout des lumières et des conseils, sans « imposer de lois, sans exercer aucune contrainte sur « la direction des travaux. Ils n'auront d'action que « pour prévenir les dangers, pourvoir à la conserva- « tion des édifices, à la sûreté des individus. Ils éclai- « reront les propriétaires et l'administration ; ils re- « chercheront les faits, les constateront et ne statue- « ront jamais. Ce droit est réservé aux *Tribunaux* « ou à *l'administration*. Il est réservé aux *Tribu-*

« *naux* dans tous les cas de contravention aux lois ;
« eux seuls peuvent prononcer des condamnations
« et cette garantie, Messieurs, doit être d'un grand
« prix à vos yeux. Ce droit est réservé à l'*adminis-*
« *tration*, si la sûreté publique est compromise,
« ou si les exploitations restreintes sont mal dirigées,
« suspendues, laissent des craintes sur les besoins
« des consommateurs. En ce cas, la concession, jadis,
« était révoquée. *Un tel système est incompatible*
« *avec celui de la propriété des mines.* Il y sera
« pourvu, s'il se présente, sur le rapport du Ministre
« de l'intérieur, comme aux cas extraordinaires et
« inhabituels que le législateur ne peut prévoir. Et
« si, ultérieurement, le besoin d'une règle générale
« se faisait sentir, elle ne sera établie qu'après que
« l'expérience aura répandu sa lumière infaillible
« sur cette question fort difficile à résoudre, de savoir
« comment on peut concilier le droit d'un citoyen
« sur sa propriété avec l'intérêt de tous. » (Dalloz.
Répert. Vᵒ Mines, p. 622, § 14.).

Les articles 47, 48, 49 et 50 furent adoptés sans
discussion. Il reste donc acquis que, si l'un de ces articles, l'article 49, dispose qu'en cas de *restriction*
ou de suspension de l'exploitation de manière à
inquiéter la sûreté publique ou les besoins des con-
sommateurs, les Préfets, après avoir entendu les
propriétaires, en rendront compte au ministre de
l'intérieur, pour y être pourvu ainsi qu'il appar-
tiendra, il n'en résulte nullement pour le Gouvernement le droit de prononcer ou de poursuivre la déchéance de la concession ; il ne peut être question de
déchéance en cette matière ; la mine est une propriété

dont le concessionnaire ne peut être dépouillé que dans les conditions du droit commun ; l'article 49, comme ceux de la même section qui le précèdent ou le suivent, consacre purement et simplement le droit de surveillance conféré à l'administration.

Telle est la loi du 21 avril 1810, dont toutes les dispositions essentielles sont restées en vigueur jusqu'à nos jours ; nous ne parlerons, en effet, que pour mémoire, de la modification, sans importance pour la question qui nous occupe, de l'article 50 par la loi du 27 juillet 1880. Nous ne dirons également qu'un mot d'un projet de loi qui fut adopté le 23 novembre 1813 par la section de législation du Conseil d'État, mais qui resta à l'état de projet. Ce projet de loi était relatif à l'abandon des mines par déclaration expresse du concessionnaire et à l'abandon par cessation des travaux.

En ce qui concerne ce dernier mode d'abandon, il prévoyait le cas où les propriétaires des mines cesseraient pendant un an les travaux de leur exploitation sans cause reconnue légitime par le Directeur des mines ; le Ministre de l'intérieur devait alors leur prescrire un délai qui ne pourrait être moindre de six mois pour la reprise des dits travaux ; si les propriétaires ne se conformaient pas, dans le délai prescrit, à l'arrêté portant l'injonction de la reprise des travaux, le Ministre de l'intérieur, sur le rapport du Préfet et sur celui du Directeur général des mines, devait faire poursuivre la vente en justice de la mine abandonnée (Locré, *ibid.*, p. 617).

Ce projet de loi, nous le répétons, resta à l'état de projet, et, sauf ce que nous aurons à dire tout à l'heure d'une loi de 1838, il ne fut point porté atteinte au système de la loi du 21 avril 1810.

Pour nous résumer sur ce premier point, nous disons que, du texte comme de l'esprit de la loi du 21 avril 1810, il résulte que la mine concédée constitue, au profit d'un concessionnaire, une propriété jouissant des mêmes garanties que toute autre propriété; que le concessionnaire ne peut en être dépouillé que dans les cas autorisés et suivant les formes déterminées par le droit commun; que cette propriété doit être respectée, alors même que le concessionnaire restreint ou suspend son exploitation, et que cette restriction ou cette suspension sont de nature à inquiéter la sûreté publique ou les besoins des consommateurs.

II

Législation postérieure à 1810. Droit d'intervention de l'État.

Nous venons de voir que l'art. 49 de la loi de 1810 contient une disposition aux termes de laquelle, *si l'exploitation est restreinte ou suspendue de manière à inquiéter la sûreté publique ou les besoins des consommateurs, les Préfets, après avoir entendu les propriétaires, en rendront compte au Ministre de l'intérieur, pour y être pourvu ainsi qu'il appartiendra.* Nous avons établi, en même temps, que cette disposition laissait intact le droit absolu de propriété du concessionnaire et n'autorisait pas le Gouvernement à poursuivre la déchéance. Elle se trouvait ainsi dépourvue de sanction efficace.

« L'expérience fit sentir que l'assimilation complète « entre la propriété des mines et celle des autres biens, « que le droit d'user et d'abuser qui appartient au « propriétaire, allant, relativement aux mines, jusqu'à « permettre de tarir ces sources de la richesse natio- « nale, auraient de sérieux inconvénients. » C'est ce qui détermina le Gouvernement, en 1813, à présenter ce projet de loi dont nous avons parlé, et qui n'aboutit pas, relatif à l'abandon des mines par déclaration expresse ou par cessation des travaux.

Une loi, inspirée par des motifs analogues, intervint à la date du 27 avril 1838 ; elle est relative à *l'assèchement et à l'exploitation des mines*. Après avoir, dans les art. 1, 2, 3, 4 et 5, établi, pour le Gouvernement, lorsque plusieurs mines situées dans des concessions différentes, seront atteintes ou menacées d'une inondation commune qui sera de nature à compromettre leur existence, la sûreté publique ou les besoins des consommateurs, le droit d'obliger les concessionnaires de ces mines à exécuter en commun et à leurs frais les travaux nécessaires pour remédier au mal ou pour en arrêter les progrès, — et organisé, à cet effet, la procédure qui doit être suivie en pareil cas, — elle dispose, dans son article 6, ainsi qu'il suit : « A défaut de paiement (des taxes réglées par les « syndics) dans le délai de deux mois à dater de la « sommation qui aura été faite, la mine sera réputée « abandonnée ; le Ministre pourra prononcer le retrait « de la concession, sauf recours au Roi en son Conseil « d'État, par la voie contentieuse. — La décision du

« Ministre sera notifiée aux concessionnaires déchus,
« publiée et affichée à la diligence du Préfet... A l'ex-
« piration du délai de recours, ou, en cas de recours,
« après notification de l'ordonnance confirmative de
« la décision du Ministre, il sera procédé publique-
« ment, par voie administrative, à l'adjudication de la
« mine abandonnée. Les concurrents seront tenus de
« justifier des facultés suffisantes pour satisfaire aux
« conditions imposées par le cahier des charges. —
« Celui des concurrents qui aura fait l'offre la plus
« favorable, sera déclaré concessionnaire, et le prix
« de l'adjudication, déduction faite des sommes avan-
« cées par l'État, appartiendra au concessionnaire
« déchu, ou à ses ayants droit... Le concessionnaire
« déchu pourra, jusqu'au jour de l'adjudication, arrê-
« ter les effets de la dépossession en payant toutes
« les taxes arriérées, et en consignant la somme qui
« sera jugée nécessaire pour sa quote-part dans
« les travaux qui resteront encore à exécuter. »

Jusque-là, il n'était question que du cas d'inondation des mines, et, si le législateur s'était arrêté à
l'art. 6, il est certain que le droit du Gouvernement
de poursuivre la déchéance eût été limité à ce cas
tout spécial ; l'art. 49 fût resté avec la signification et
la portée restreintes que lui assignent les travaux
préparatoires de la loi du 21 avril 1810 ; mais la loi
de 1838 contient, dans son art. 10, une disposition
plus générale, qui aurait sans doute gagné à être
plus explicite, mais qui, telle qu'elle est, suffit pour
armer le Gouvernement, dans les cas prévus par
l'art. 49, de droits plus efficaces que ceux qui résul-
taient pour lui de la loi 1810. « *Dans tous les cas*

« *prévus par l'art.* 49 *de la loi du* 21 *avril* 1810,
« dit cet article 10, *le retrait de la concession et*
« *l'adjudication de la mine ne pourront avoir lieu*
« *que suivant les formes prescrites par l'art.* 6 *de la*
« *présente loi.* » D'où cette double conséquence :
1° Que la restriction ou la suspension de l'exploita‐
tion pourront désormais être des causes de retrait de
la concession ; — 2° Que ce retrait ne pourra être
poursuivi et prononcé par le Gouvernement que
suivant les formes et après l'accomplissement des
formalités prescrites par l'art. 6 de la loi du 27 avril
1838, art. 6 que nous venons d'analyser plus haut.

Le commissaire du Roi, lors de la discussion de la
loi, donnait, dans les termes suivants, les motifs de
cette disposition : « Un particulier a été investi de la
« concession d'une mine à la charge de l'exploiter, à
« la charge de mettre au jour et de verser dans la
« circulation les richesses qu'elle recèle ; il n'exploite
« pas la mine ; il laisse enfouis dans le sein de la
« terre les produits que les consommateurs attendent
« avec impatience ; n'est-il pas juste de lui retirer
« une concession dont il n'accomplit pas la première
« et la plus essentielle des conditions ? Ce retrait
« est-il autre chose que la pénalité qui doit s'attacher
« naturellement à l'exécution d'un contrat ? »

Ainsi est complétée et précisée la disposition de
l'art. 49. C'est une atteinte au droit du concession‐
naire ; mais cette atteinte, qui corrige ce qu'avait de
trop absolu le système de la loi de 1810, se justifie
par la raison supérieure de l'intérêt public. Ce n'est
pas, d'ailleurs, sans que toutes les garanties possibles
aient été accordées au concessionnaire, que cette

déchéance peut être prononcée. Elle est prononcée par le Ministre ; mais la décision du Ministre pourra être déférée au Conseil d'État ; ce recours est suspensif ; c'est-à-dire que le retrait de la concession ne sera définitif qu'après que le concessionnaire aura été entendu, appelé à se défendre et à faire valoir devant la haute juridiction du Conseil d'État la ligitimité des causes qui ont pu entraîner la restriction ou la suspension de l'exploitation ; l'adjudication ne viendra qu'ensuite, si sa défense n'est pas accueillie ; elle ne pourra avoir lieu que dans les formes prescrites par l'art. 6, auquel l'art. 10 se réfère ; et puis, jusqu'au moment de l'adjudication, le concessionnaire pourra toujours arrêter les effets de la dépossession en se déclarant prêt à reprendre l'exploitation.

Le droit de l'État, au surplus, de poursuivre la déchéance, est une exception au principe de la propriété qui protège le concessionnaire, et, comme toutes les exceptions, il doit être strictement limité aux cas pour lesquels il a été admis ; la déchéance, d'un autre côté, est une peine, et, pour qu'elle soit encourue, il faut que le concessionnaire soit en faute ; d'où il suit que pour qu'elle puisse être poursuivie, il ne suffira pas qu'il y ait eu, dans l'acception littérale des termes, *restriction* ou *suspension* de l'exploitation ; il faudra encore que cette *restriction* ou cette *suspension*, avec les inconvénients qui peuvent en résulter pour la sûreté publique ou pour les consommateurs, soient le fait du concessionnaire ; si, au contraire, elles sont indépendantes de sa volonté, il ne peut être question de pénalité, et, par conséquent, de déchéance. C'est ce qu'explique très bien la circulaire du 29 décembre 1838, rendue pour l'exécution de la loi du 27 avril précédent : « Toutefois, lisons-« nous dans ce document, avant d'user des voies de « rigueur, il est convenable de bien constater qu'on « s'est trouvé dans l'obligation d'y recourir. Il faut « entendre les intéressés, voir s'il y a des plaintes, « recueillir, en un mot, toutes les informations « nécessaires. Beaucoup de circonstances, indépen-« dantes du concessionnaire, des revers de fortune, « des procès, des affaires de famille, quand une « concession vient à s'ouvrir, les difficultés mêmes « de l'exploitation ou le manque des débouchés, la « baisse des prix dans le commerce, peuvent occa-« sionner des interruptions dans les travaux... » (Dalloz. Rép. V° Mines, n° 364.)

A ces causes d'interruption de l'exploitation, il faut ajouter aujourd'hui *les grèves*, c'est-à-dire le refus de travail des ouvriers, qui met le concessionnaire dans l'impossibilité de continuer ses travaux. On n'en parlait pas en 1838, parce que, à cette époque, la grève était une éventualité avec laquelle on n'avait pas à compter ; on était, en effet, sous l'empire de l'ancien article 414 du Code pénal, qui prohibait la grève, autrement dite la *coalition*, et qui la punissait comme un délit. Il n'en est plus de même depuis 1864 ; les ouvriers sont libres de se coaliser, de s'entendre entre eux pour ne plus travailler, de se mettre en grève, en un mot, de dicter aux patrons des conditions et de refuser tout travail à défaut d'acceptation de ces conditions. Dira-t-on en matière de mines, que, si l'exploitation est suspendue par le fait d'une grève des ouvriers, l'exploitant est en faute, et encourt la déchéance? Une pareille prétention serait tout simplement absurde. Comment ! voilà une exploitation de mines en pleine activité, l'intérêt du concessionnaire lui commande de la continuer ; il en a la plus ferme intention ; mais elle est subitement arrêtée par la coalition des ouvriers qui s'entendent pour abandonner le travail ; et l'on rendrait l'exploitant responsable de ce fait des ouvriers ! Et l'on invoquerait ce cas, qui est presque un cas de force majeure, pour tenter de lui ravir sa propriété, le fruit de son travail et de ses sacrifices ! Une pareille pensée ne peut germer dans la tête de quiconque veut bien se donner la peine de réfléchir et a la moindre notion de la justice et de l'équité.

Mais, dira-t-on, le refus du travail des ouvriers n'est pas absolu ; ils ne demandent pas mieux, de leur côté, que de travailler, si l'exploitant accepte leurs conditions, s'il consent à augmenter leur salaire, à modifier, comme ils le proposent, les conditions de leur travail, à renvoyer tel ou tel chef qui leur déplaît ; leurs exigences sont légitimes, et, par conséquent, l'exploitant est en faute s'il n'y souscrit pas ; il a donc encouru la déchéance.

Leurs exigences, dites-vous, sont légitimes ! Il faudra donc alors se prononcer entre l'ouvrier et le patron, examiner les prétentions respectives, donner tort à l'un, raison à l'autre. Quel sera le juge ? Le Gouvernement peut-il assumer ce rôle ? Peut-il accepter la responsabilité de décider entre les deux parties ? Peut-il s'immiscer dans des questions de prix de revient et de salaires qui ont un caractère absolument privé ? Évidemment non ; il n'en a ni le droit ni la possibilité. Tout au plus pourrait-il procéder par voie de conseils (1). Il faut donc dire que, dans aucun cas, la suspension de l'exploitation par le fait d'une grève ne peut donner ouverture à une poursuite en déchéance contre le concessionnaire.

C'est, d'ailleurs, dans ce sens que s'exprime M. Féraud-Giraud, conseiller à la Cour de Cassation, dans son *Code des mines et mineurs*, t. II, p. 182 : « Il serait, dit-il, aussi injuste qu'illégal de poursuivre « la déchéance à raison d'une suspension résultant « d'un cas de force majeure, telle qu'une grève, par « exemple. »

Supposons, cependant, que, contrairement à ce que nous venons d'établir, il suffise que l'exploitation soit suspendue pour une cause quelconque, soit même par suite de grève ; nous avons à nous demander alors à quoi aboutirait la poursuite en déchéance exercée par le Gouvernement, et si elle donnerait satisfaction aux intérêts des ouvriers, ainsi qu'on ne cesse de le prétendre, chaque fois qu'une grève d'ouvriers mineurs éclate. C'est à la loi du 27 avril 1838 qu'il faudrait se reporter ; or nous savons quelles sont les dispositions de cette loi en vue du cas qui nous occupe ; c'est aux formalités édictées par son article 6 qu'il faudra recourir : mise en demeure à l'exploitant de remplir ses obligations dans un délai

---

(1) Une loi récente, du 27 décembre 1892, a pour but d'offrir, à ceux qui veulent en user, une faculté et une procédure pour prévenir ou régler pacifiquement les différents d'ordres collectifs entre patrons et ouvriers ou employés, portant sur les conditions du travail. Les dispositions de cette loi, qui, d'ailleurs, est dépourvue de sanction, ne peuvent exercer aucune influence sur la solution des questions qui nous occupent.

de deux mois ; à l'expiration de ces deux mois, si l'exploitant ne s'exécute pas, retrait de la concession prononcée par le Ministre, sauf recours au Conseil d'État, et ce recours est suspensif ; l'adjudication de la mine ne peut avoir lieu qu'après le rejet de ce recours. Il s'écoule donc au moins quatre ou cinq mois avant l'adjudication de la mine, et, de plus, si, dans l'intervalle, le concessionnaire reprend ses travaux, la déchéance cesse d'être encourue.

Enfin, si le concessionnaire attend le jour de l'adjudication, il lui est loisible de se rendre adjudicataire. — Et l'adjudication elle-même, elle ne peut se faire que dans de certaines conditions : la déchéance n'est pas une confiscation ; la mine n'est pas donnée, après le retrait de la concession ; elle est vendue au profit du concessionnaire déchu, et la vente se fait sur un cahier des charges qui impose des conditions, notamment de paiement de prix, auxquelles l'adjudicataire est tenu de se soumettre ; les *concurrents*, dit l'art. 6 de la loi de 1838, *seront tenus de justifier des facultés suffisantes pour satisfaire à ces conditions.*

De telle sorte que si nous supposons, par impossible, le retrait de la concession de Lens, et sa mise en adjudication, c'est par plus de cent millions de francs qu'il faudra chiffrer les *facultés* dont les concurrents seront tenus de justifier, rien que pour prendre part à l'adjudication. Que les malheureux grévistes, aux yeux de qui on fait si complaisamment briller la possibilité de se substituer aux concessionnaires, y réfléchissent, et jugent à quel point on abuse de leur crédulité !

C'est ce que M. Raynal, alors Ministre des Travaux publics, faisait ressortir avec beaucoup de force devant la Chambre des députés, dans la séance du 7 mars 1884 (*Journal officiel*, 1884, p. 649 et suiv.), dans sa réponse à l'interpellation de M. Giard. Et il ajoutait :

« Viendra-t-on dire, après cela, qu'il y a grand « avantage à retirer la concession ? Est-ce qu'on y voit « un remède sérieux à un état de choses qui implique « une solution immédiate ? Aussi la jurisprudence « administrative n'a-t-elle jamais admis le retrait de « la concession que lorsqu'il y a abandon absolu, « complet, de l'exploitation ; lorsque l'enquête a « prouvé que l'intention bien manifeste du conces- « sionnaire était de ne pas remplir ses engagements. « Depuis l'origine il n'y a eu que six retraits de « concession dans les conditions que nous venons « d'indiquer, et il n'a jamais été soutenu que l'arrêt « de l'exploitation pendant quelques jours ou quelques « semaines pût être une cause de déchéance (1)... Il « est bien entendu qu'à aucune époque il n'a été admis « qu'une suspension de travail de quelques semaines, « qu'une discussion de salaires, que le renvoi d'un cer- « tain nombre d'ouvriers devenus inutiles par la res- « triction du travail, pût donner lieu au retrait d'une « concession. »

De ce qui précède, il résulte que la législation pos-

---

(1) Les six déclarations de déchéance, dont a parlé le Ministre, sont :

Mines de Plomb de Pompéan (Ille-et-Vilaine). 20 nov. 1841 ;
Mines de fer de Estavar (Pyrénées-Orientales), 27 nov. 1846 ;
Mines de plomb de Manère (Pyrénées-Or.), 28 déc. 1853 ;
Mines de houille de Ferques (Pas-de-Calais), 21 janv. 1874 ;
Mines de plomb de Giromagny (Haut-Rhin), 6 sept. 1876 ;
Mines d'antimoine de Chazelles (Haute-Loire), 16 déc. 1876.

térieure à 1810, tout en maintenant le droit de propriété absolu au profit du concessionnaire de mines, a complété l'article 49 de la loi du 21 avril 1810, en donnant à ses dispositions une sanction précise. Aujourd'hui, le Gouvernement a le droit de poursuivre le retrait de la concession, si la restriction ou la suspension de l'exploitation sont de nature à inquiéter la sûreté publique ou les besoins des consommateurs ; le droit de propriété cède alors, mais seulement dans ce cas, devant l'intérêt public ; mais le retrait de concession ne peut être poursuivi que lorsque la restriction ou la suspension des travaux sont le fait du concessionnaire, et témoignent d'un abandon volontaire et intentionnel de la mine. Tel n'est pas le cas d'une suspension occasionnée par la grève des ouvriers ; aussi la grève ne peut-elle jamais donner naissance à la déchéance. Au surplus, et dans tous les cas, la déchéance ne peut être prononcée qu'après que le concessionnaire a été appelé à se défendre, et son recours contre la décision du Ministre lui est assuré ; c'est alors le Conseil d'État qui prononce.

Tel est le droit ; nous le considérons comme indiscutable.

C'est donc à tort que, dans leurs interpellations de 1884 et de 1892, MM. Giard et Millerand mettaient le Gouvernement en demeure de prononcer la déchéance des concessions d'Anzin et de Carmaux. Une semblable prétention était injustifiable à tous les points de vue.

Ch. MERLIN,
Avocat.

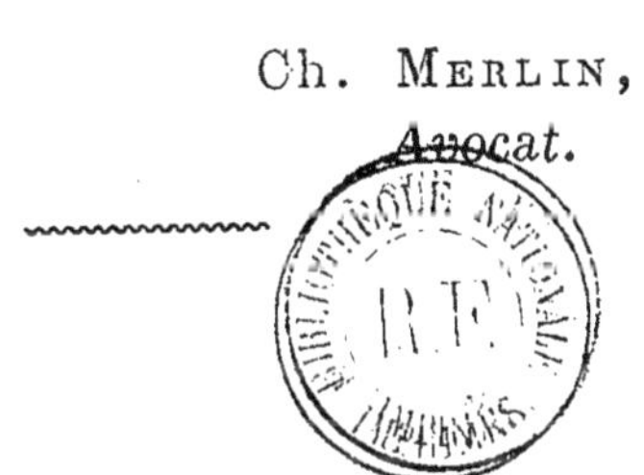